l'école - школа	2
le voyage - путешествие	5
le transport - транспорт	8
la ville - город	10
le paysage - ландшафт	14
le restaurant - ресторан	17
le supermarché - супермаркет	20
les boissons - напитки	22
les aliments - еда	23
la ferme - ферма	27
la maison - дом	31
la salle de séjour - гостиная	33
la cuisine - кухня	35
la salle de bains - ванная комната	38
la chambre d'enfant - детская комната	42
les vêtements - одежда	44
le bureau - офис	49
l'économie - экономика	51
les professions - профессии	53
les outils - инструменты	56
les instruments de musique - музыкальные инструменты	57
le zoo - зоопарк	59
les sports - спорт	62
les activités - действия	63
la famille - семья	67
le corps - тело	68
l'hôpital - больница	72
l'urgence - неотложный случай	76
la Terre - земля	77
l'heure - часы	79
la semaine - неделя	80
l'année - год	81
les formes - формы	83
les couleurs - цвета	84
les opposés - противоположности	85
les nombres - цифры	88
les langues - языки	90
qui / quoi / comment - кто / что / как	91
où - где	92

Impressum
Verlag: BABADADA GmbH, Nedderfeld 112 , 22529 Hamburg
Geschäftsführer / Verlagsleitung: Harald Hof
Druck: Books on Demand GmbH, In de Tarpen 42, 22848 Norderstedt

Imprint
Publisher: BABADADA GmbH, Nedderfeld 112 , 22529 Hamburg, Germany
Managing Director / Publishing direction: Harald Hof
Print: Books on Demand GmbH, In de Tarpen 42, 22848 Norderstedt

l'école
школа

- la salle de classe — классная комната
- diviser — делить
- le tableau — доска
- la cour d'école — школьный двор
- l'enseignant — учитель
- le papier — бумага
- écrire — писать
- le stylo — ручка
- le bureau de travail — письменный стол
- la règle — линейка
- le livre — книга
- l'écolier — ученик

le sac d'écolier
ранец

la trousse
пенал

le crayon
карандаш

le taille-crayon
точилка

la gomme à effacer
ластик

le bloc de papier à dessin
альбом для рисования

le dessin

рисунок

le pinceau

кисточка

la boîte de peintures

коробка красок

les ciseaux

ножницы

la colle

клей

le cahier d'exercices

тетрадь

les devoirs

домашняя работа

le chiffre

цифра

additionner

прибавлять

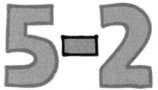

soustraire

вычитать

multiplier

умножать

calculer

считать

la lettre

буква

l'alphabet

алфавит

le mot

слово

l'école - школа

le texte

текст

lire

читать

la craie

мел

la leçon

урок

le cahier de notes

классный журнал

l'examen

экзамен

le certificat

диплом

l'uniforme scolaire

школьная форма

l'éducation

образование

l'encyclopédie

энциклопедия

l'université

университет

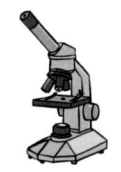
le microscope

микроскоп

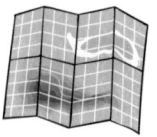
la carte

карта

la corbeille à papier

корзина для бумаг

l'école - школа

le voyage
путешествие

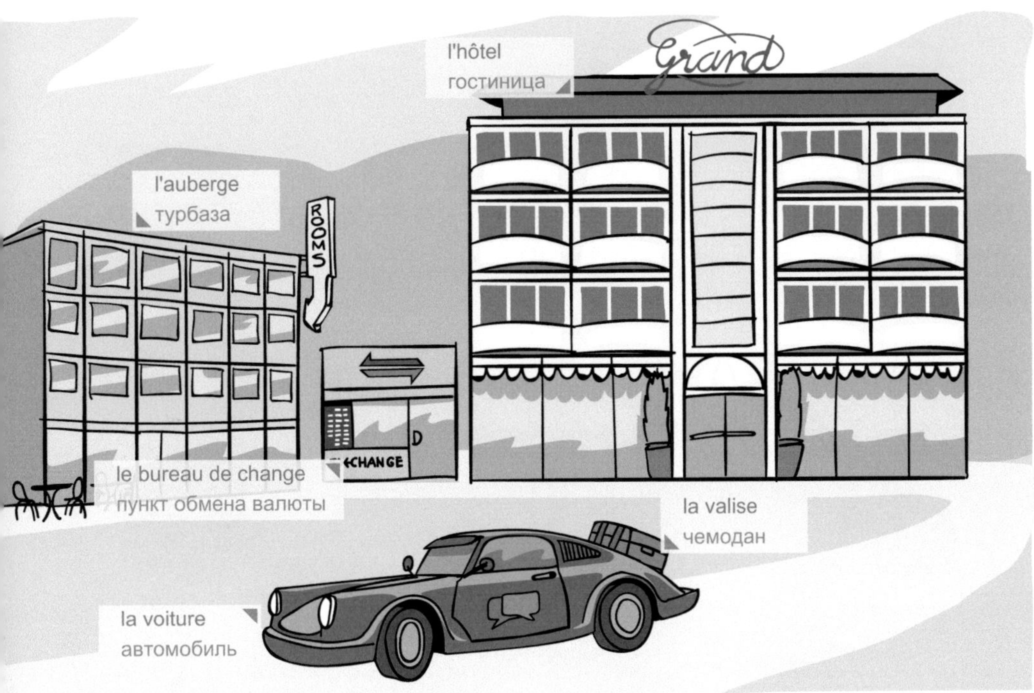

Grand
l'hôtel
гостиница
l'auberge
турбаза
ROOMS
le bureau de change
пункт обмена валюты
la valise
чемодан
la voiture
автомобиль

la langue
язык

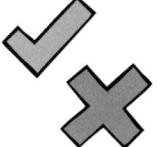

oui / non
да / нет

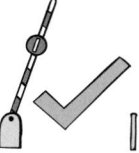

Okay
хорошо

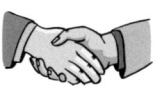

Allo!
Привет

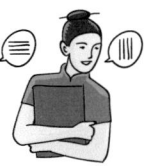

le traducteur
переводчик

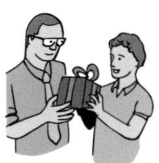

Merci
Спасибо

Combien coûte...?

Сколько стоит…?

Je ne comprends pas

Я не понимаю

le problème

проблема

Bonsoir !

Добрый вечер!

Bonjour !

Доброе утро!

Bonne nuit !

Доброй ночи!

bye bye

До свидания

la direction

направление

les bagages

багаж

le sac

сумка

le sac à dos

рюкзак

l'invité

гость

la pièce

комната

le sac de couchage

спальный мешок

la tente

палатка

le voyage - путешествие

le bureau d'information touristique

туристическая информация

la plage

пляж

la carte de crédit

кредитная карточка

le déjeuner

завтрак

le dîner

обед

le souper

ужин

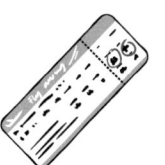

le billet

билет

l'ascenseur

лифт

le timbre

почтовая марка

la frontière

граница

la douane

таможня

l'ambassade

посольство

le visa

виза

le passeport

паспорт

le voyage - путешествие

le transport
транспорт

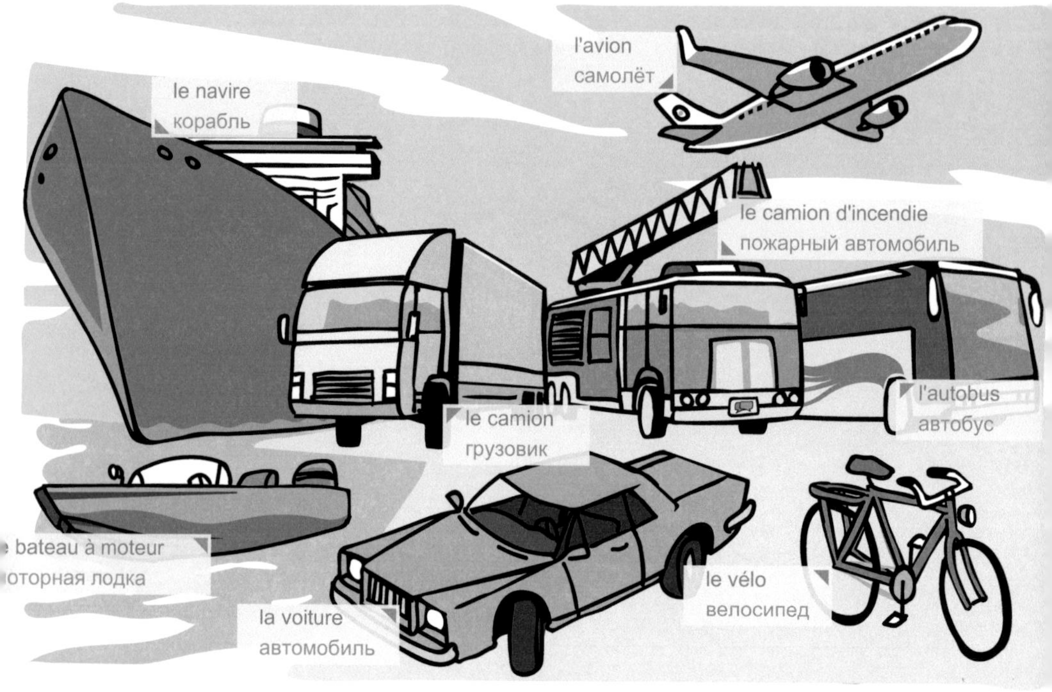

- l'avion — самолёт
- le navire — корабль
- le camion d'incendie — пожарный автомобиль
- le camion — грузовик
- l'autobus — автобус
- le bateau à moteur — моторная лодка
- la voiture — автомобиль
- le vélo — велосипед

le traversier

паром

le bateau

лодка

la motocyclette

мотоцикл

la voiture de police

полицейский автомобиль

la voiture de course

гоночный автомобиль

la voiture de location

арендованный автомобиль

l'autopartage

совместное пользование
автомобилями

la dépanneuse

буксировочный
автомобиль

le camion à ordures

мусоровоз

le moteur

двигатель

le carburant

топливо

la station-service

заправка

le panneau de signalisation

дорожный знак

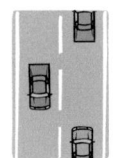

la circulation

движение

l'embouteillage

пробка

le parc de stationnement

автостоянка

la gare

вокзал

les voies ferrées

рельсы

le train

поезд

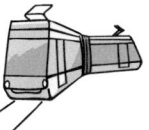

le tramway

трамвай

le wagon

вагон

l'hélicoptère

вертолёт

l'aéroport

аэропорт

la tour

вышка

le passager

пассажир

le conteneur

контейнер

la boîte en carton

коробка

le chariot

тележка

le panier

корзина

décoller / atterrir

взлетать / приземляться

la ville
город

le village

деревня

le centre-ville

центр города

la maison

дом

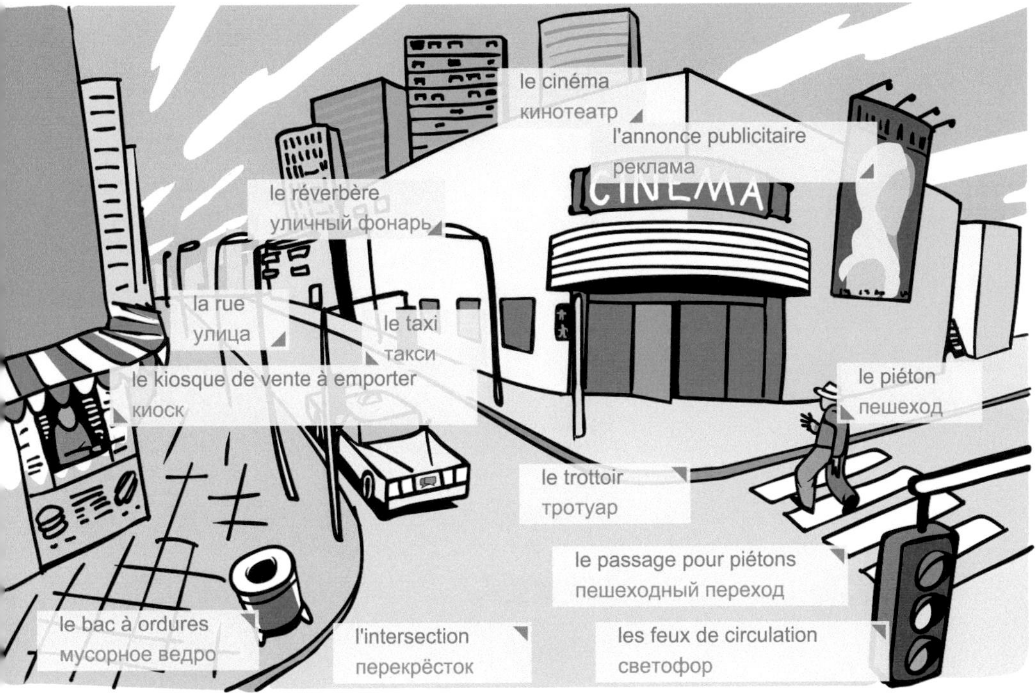

le cinéma
кинотеатр

l'annonce publicitaire
реклама

le réverbère
уличный фонарь

la rue
улица

le taxi
такси

le kiosque de vente à emporter
киоск

le piéton
пешеход

le trottoir
тротуар

le passage pour piétons
пешеходный переход

le bac à ordures
мусорное ведро

l'intersection
перекрёсток

les feux de circulation
светофор

la cabane

хижина

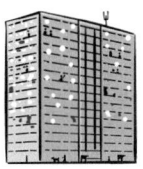

l'appartement

квартира

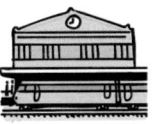

la gare

вокзал

l'hôtel de ville

ратуша

le musée

музей

l'école

школа

la ville - город

l'université
университет

la banque
банк

l'hôpital
больница

l'hôtel
гостиница

la pharmacie
аптека

le bureau
офис

la librairie
книжный магазин

le magasin
магазин

le fleuriste
цветочный магазин

le supermarché
супермаркет

le marché
рынок

le grand magasin
универмаг

la poissonnerie
торговец рыбой

le centre commercial
торговый центр

le port
порт

la ville - город

le parc

парк

le banc

скамейка

le pont

мост

les escaliers

лестница

le métro

метро

le tunnel

тоннель

l'arrêt d'autobus

автобусная остановка

le bar

бар

le restaurant

ресторан

la boîte à lettres

почтовый ящик

la plaque de rue

табличка с названием улицы

le parcomètre

паркометр

le zoo

зоопарк

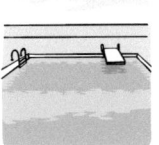

les bains publics

бассейн

la mosquée

мечеть

la ville - город

la ferme
ферма

la pollution
загрязнение окружающей среды

le cimetière
кладбище

l'église
церковь

l'aire de jeux
детская площадка

le temple
храм

le paysage
ландшафт

la feuille — лист
le panneau indicateur — дорожный указатель
le chemin — дорога
le pré — луг
la pierre — камень
l'arbre — дерево
le randonneur — путешественник
la rivière — река
l'herbe — трава
la fleur — цветок

la vallée
долина

la colline
гора

le lac
озеро

la forêt
лес

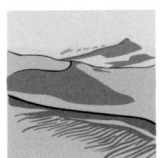
le désert
пустыня

le volcan
вулкан

le château
замок

l'arc-en-ciel
радуга

le champignon
гриб

le palmier
пальма

le moustique
комар

la mouche
муха

la fourmi
муравей

l'abeille
пчела

l'araignée
паук

le paysage - ландшафт

le scarabée

жук

la grenouille

лягушка

l'écureuil

белка

le hérisson

еж

le lièvre

заяц

la chouette

сова

l'oiseau

птица

le cygne

лебедь

le sanglier

кабан

le cerf

олень

l'orignal

лось

le barrage

плотина

l'éolienne

ветряной генератор

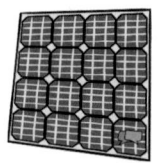

le panneau solaire

солнечная батарея

le climat

климат

le paysage - ландшафт

le restaurant
ресторан

- le serveur — официант
- le menu — меню
- la chaise — стул
- la soupe — суп
- la coutellerie — столовые приборы
- la pizza — пицца
- la nappe — скатерть

les hors-d'œuvre
закуска

le plat principal
главное блюдо

le dessert
десерт

les boissons
напитки

les aliments
еда

la bouteille
бутылка

le restaurant - ресторан

la restauration rapide	la cuisine de rue	la théière
фастфуд	уличная еда	чайник

le sucrier	la part	la machine à expresso
сахарница	порция	кофеварка

la chaise haute d'enfant	la facture	le plateau
детский стульчик	счет	поднос

le couteau	la fourchette	la cuillère
нож	вилка	ложка

la cuillère à thé	la serviette	le verre
чайная ложка	салфетка	стакан

le restaurant - ресторан

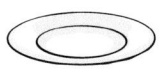

l'assiette

тарелка

l'assiette creuse

суповая тарелка

la soucoupe

блюдце

la sauce

соус

la salière

солонка

le moulin à poivre

мельница для перца

le vinaigre

уксус

l'huile

масло

les épices

специи

le ketchup

кетчуп

la moutarde

горчица

la mayonnaise

майонез

le restaurant - ресторан

le supermarché
супермаркет

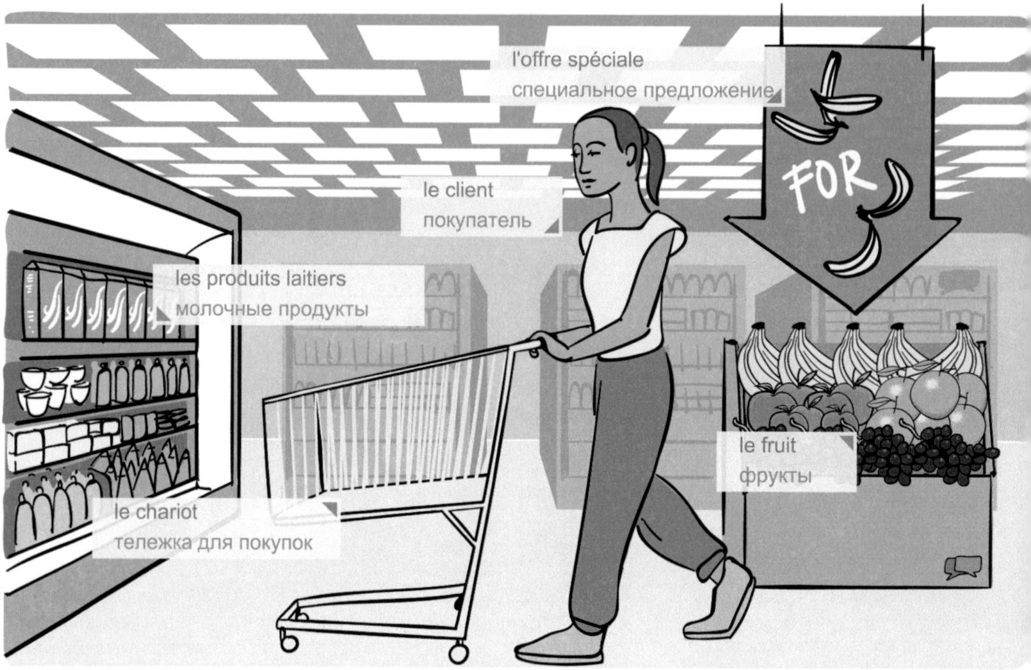

l'offre spéciale
специальное предложение
FOR
le client
покупатель
les produits laitiers
молочные продукты
le fruit
фрукты
le chariot
тележка для покупок

BUTCHERS

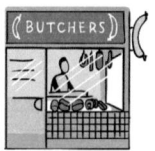

la boucherie

мясной магазин

BAKERY

la boulangerie

пекарня

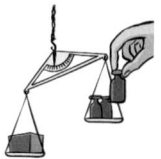

peser

взвешивать

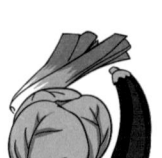

les légumes

овощи

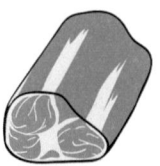

la viande

мясо

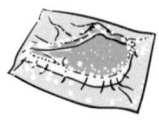

les aliments congelés

быстрозамороженные продукты

les viandes froides

нарезка

les conserves

консервы

les détergent à lessive en poudre

стиральный порошок

les sucreries

сладости

les produits d'entretien ménager

предмет домашнего обихода

les produits d'entretien

моющее средство

la vendeuse

продавщица

la caisse

касса

le caissier

кассир

la liste de provisions

список покупок

les heures d'ouverture

время работы

le portefeuille

бумажник

la carte de crédit

кредитная карточка

le sac

сумка

le sac plastique

полиэтиленовый пакет

le supermarché - супермаркет

les boissons
напитки

l'eau
вода

le jus
сок

le lait
молоко

le cola
кока-кола

le vin
вино

la bière
пиво

l'alcool
алкоголь

le cacao
какао

le thé
чай

le café
кофе

l'expresso
эспрессо

le cappuccino
капучино

les aliments
еда

la banane
банан

la pomme
яблоко

l'orange
апельсин

le melon d'eau
арбуз

le citron.
лимон

la carotte
морковь

l'ail
чеснок

le bambou
бамбук

l'oignon
лук

le champignon
гриб

les noix
орехи

les nouilles
лапша

les spaghettis

спагетти

le riz

рис

la salade

салат

les frites

картофель фри

les pommes de terre sautées

жареный картофель

la pizza

пицца

le hamburger

гамбургер

le sandwich

сэндвич

l'escalope

шницель

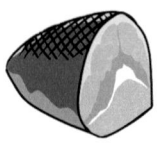

le jambon

ветчина

le salami

салями

la saucisse

колбаса

le poulet

курица

le rôti

жаркое

le poisson

рыба

les aliments - еда

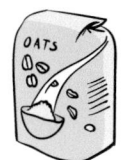
le gruau d'avoine
овсяные хлопья

le muesli
мюсли

les flocons de maïs
кукурузные хлопья

la farine
мука

le croissant
круассан

le petit pain
булочка

le pain
хлеб

la rôtie
тост

les biscuits
печенье

le beurre
масло

le caillé
творог

le gâteau
пирог

l'œuf
яйцо

l'œuf miroir
яичница

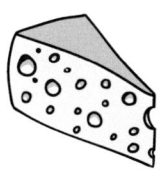
le fromage
сыр

les aliments - еда

la crème glacée

мороженое

le sucre

сахар

le miel

мёд

la confiture

мармелад

la crème de nougat

крем с нугой

le cari

карри

la ferme
ферма

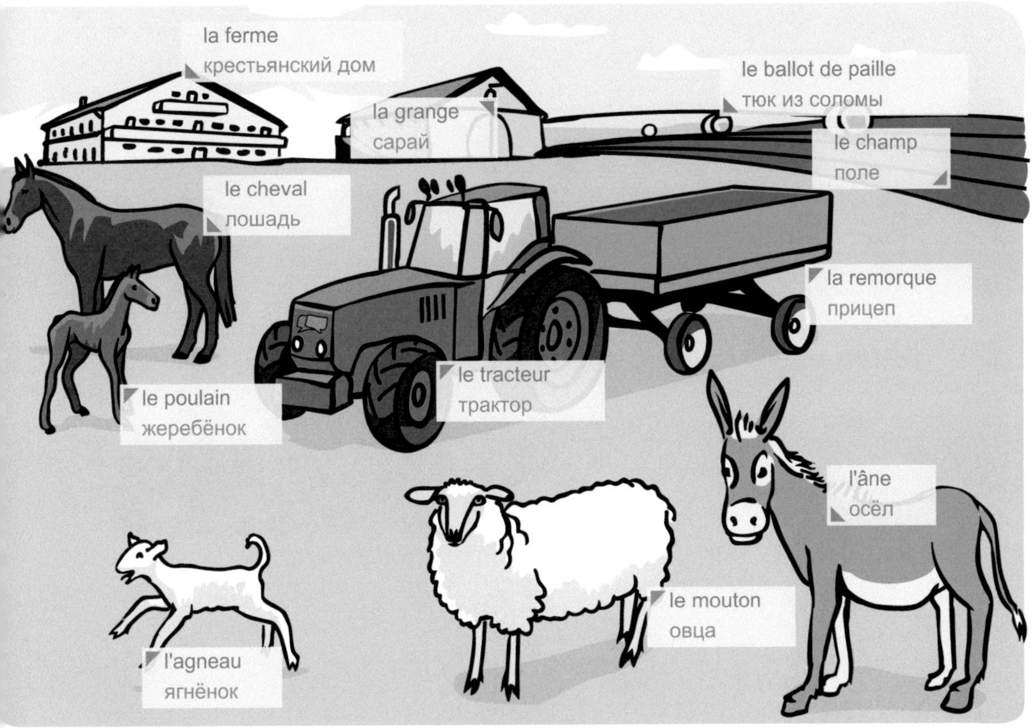

la ferme — крестьянский дом
la grange — сарай
le ballot de paille — тюк из соломы
le champ — поле
le cheval — лошадь
la remorque — прицеп
le poulain — жеребёнок
le tracteur — трактор
l'âne — осёл
le mouton — овца
l'agneau — ягнёнок

la chèvre
коза

la vache
корова

le veau
телёнок

le porc
свинья

le porcelet
поросёнок

le taureau
бык

l'oie

гусь

le canard

утка

le poussin

цыплёнок

la poule

курица

le coq

петух

le rat

крыса

le chat

кошка

la souris

мышь

le bœuf

вол

le chien

собака

la niche

конура

le tuyau d'arrosage

садовый шланг

l'arrosoir

лейка

la faux

коса

la charrue

плуг

la ferme - ферма

la faucille
серп

la binette
мотыга

la fourche à foin
навозные вилы

la hache
топор

la brouette
тачка

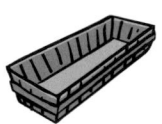
l'auge
корыто

le pot à lait
бидон для молока

le grand sac
мешок

la clôture
забор

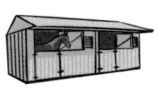
l'écurie
хлев

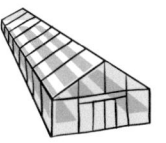
la serre
теплица

le sol
почва

les graines
посев

l'engrais
удобрение

la moissonneuse-batteuse
комбайн

la ferme - ферма

récolter

собирать урожай

la récolte

урожай

l'igname

ямс

le blé

пшеница

le soja

соя

la pomme de terre

картофель

le maïs

кукуруза

la graine de colza

рапс

l'arbre fruitier

фруктовое дерево

le manioc

маниок

les grains

злаки

la ferme - ферма

la maison
дом

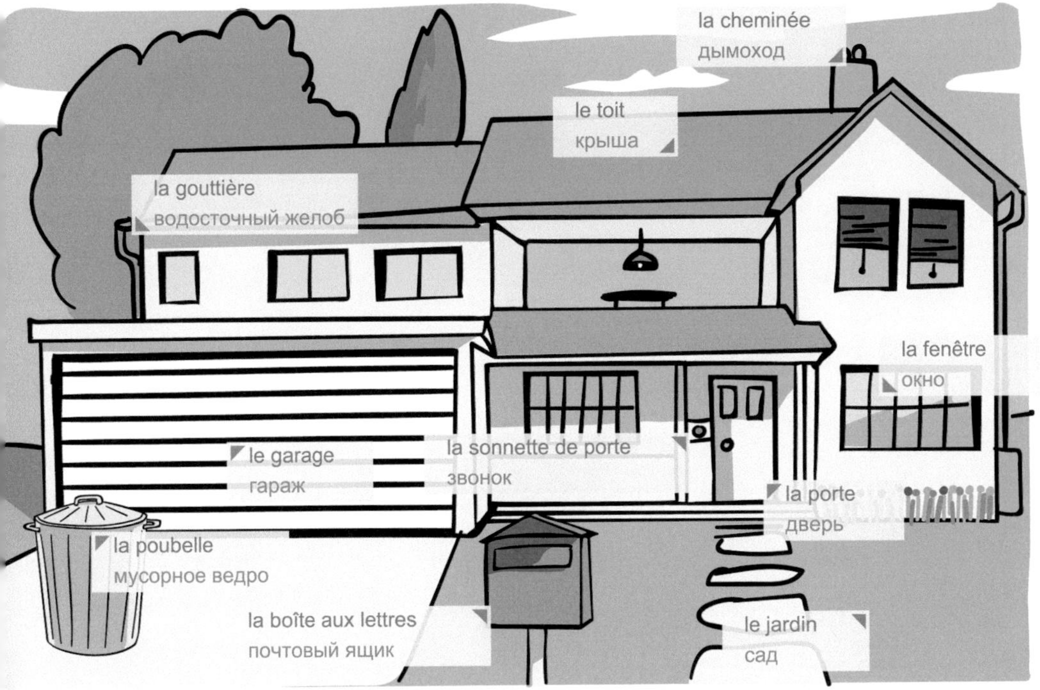

- la cheminée — дымоход
- le toit — крыша
- la gouttière — водосточный желоб
- la fenêtre — окно
- le garage — гараж
- la sonnette de porte — звонок
- la porte — дверь
- la poubelle — мусорное ведро
- la boîte aux lettres — почтовый ящик
- le jardin — сад

la salle de séjour

гостиная

la salle de bains

ванная комната

la cuisine

кухня

la chambre à coucher

спальня

la chambre d'enfant

детская комната

la salle à manger

столовая

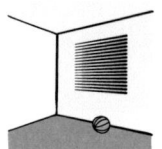

le plancher

пол

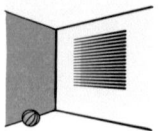

le mur

стена

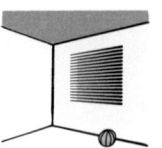

le plafond

потолок

le cellier

подвал

le sauna

сауна

le balcon

балкон

la terrasse

терраса

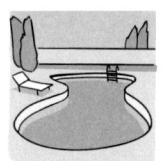

la piscine

бассейн

la tondeuse à gazon

газонокосилка

le drap

пододеяльник

le jeté de lit

покрывало

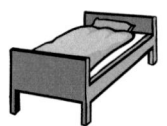

le lit

кровать

le balai

метла

le seau

ведро

l'interrupteur

выключатель

la salle de séjour
гостиная

le papier peint — обои

le tableau — рисунок

la lampe — лампа

l'étagère — полка

l'armoire — шкаф

le foyer — камин

la télévision — телевизор

la fleur — цветок

le coussin — подушка

le vase — ваза

le sofa — диван

la télécommande — пульт дистанционного управления

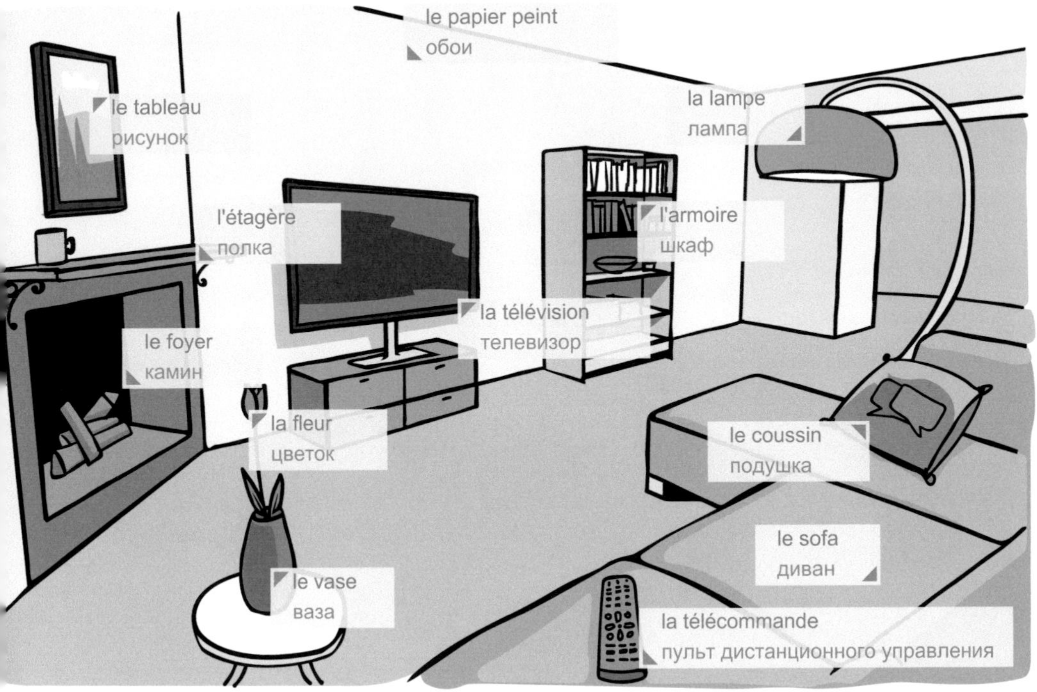

le tapis
ковёр

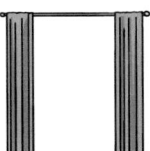

le rideau
штора

la table
стол

la chaise
стул

la berceuse
кресло-качалка

le fauteuil
кресло

la salle de séjour - гостиная

le livre

книга

la couverte

покрывало

la décoration

украшение

le bois de chauffage

дрова

le film

фильм

la chaîne hi-fi

стереосистема

la clé

ключ

le journal

газета

la peinture

картина

l'affiche

плакат

la radio

радио

le bloc-notes

блокнот

l'aspirateur

пылесос

le cactus

кактус

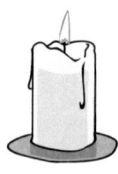

la chandelle

свеча

la salle de séjour - гостиная

la cuisine
кухня

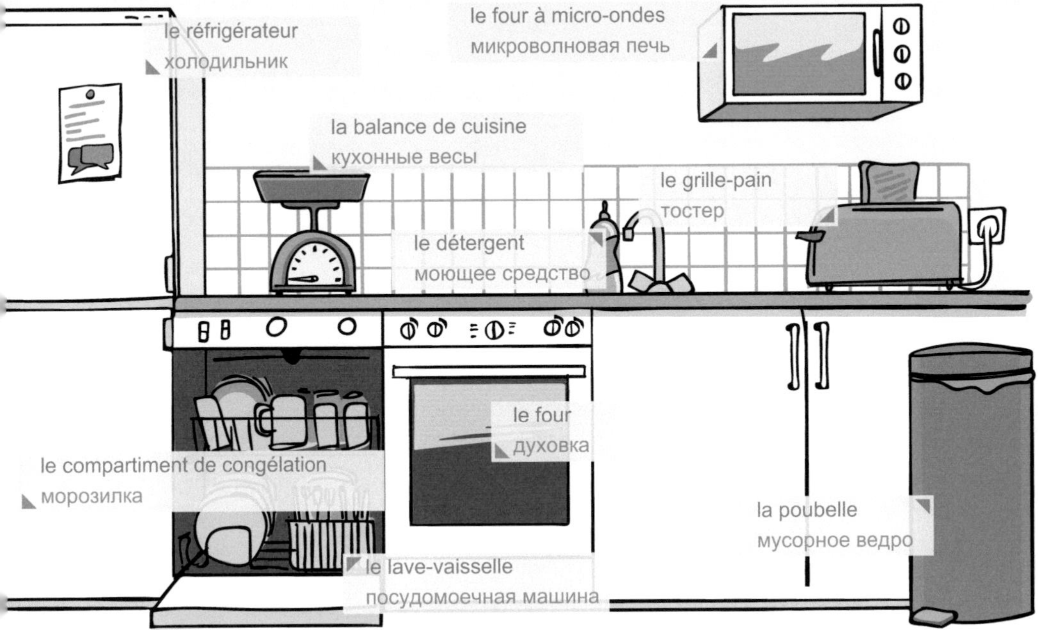

le réfrigérateur — холодильник

le four à micro-ondes — микроволновая печь

la balance de cuisine — кухонные весы

le grille-pain — тостер

le détergent — моющее средство

le four — духовка

le compartiment de congélation — морозилка

la poubelle — мусорное ведро

le lave-vaisselle — посудомоечная машина

la cuisinière
плита

la marmite
кастрюля

la cocotte en fonte
чугунный котелок

le wok/kadai
вок / кадай

la poêle
сковорода

la bouilloire
чайник

le cuiseur à vapeur

пароварка

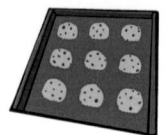

la plaque à patisserie

противень

la vaisselle

посуда

la grande tasse

кружка

le bol

миска

les baguettes

палочки для еды

la louche

половник

la spatule

лопатка

le fouet

сбивалка

la passoire

сито

le tamis

сито

la râpe

тёрка

le mortier

ступка

le barbecue

гриль

le foyer

костёр

la cuisine - кухня

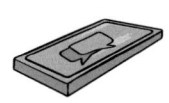

la planche à découper

доска

le rouleau à pâtisserie

скалка

le tire-bouchon

штопор

la boîte à conserves

жестяная банка

l'ouvre-boîte

консервный нож

la mitaine de four

прихватка

l'évier

раковина

la brosse

щетка

l'éponge

губка

le mélangeur

миксер

le congélateur

морозильная камера

le biberon

бутылочка для кормления

le robinet

кран

la cuisine - кухня

la salle de bains
ванная комната

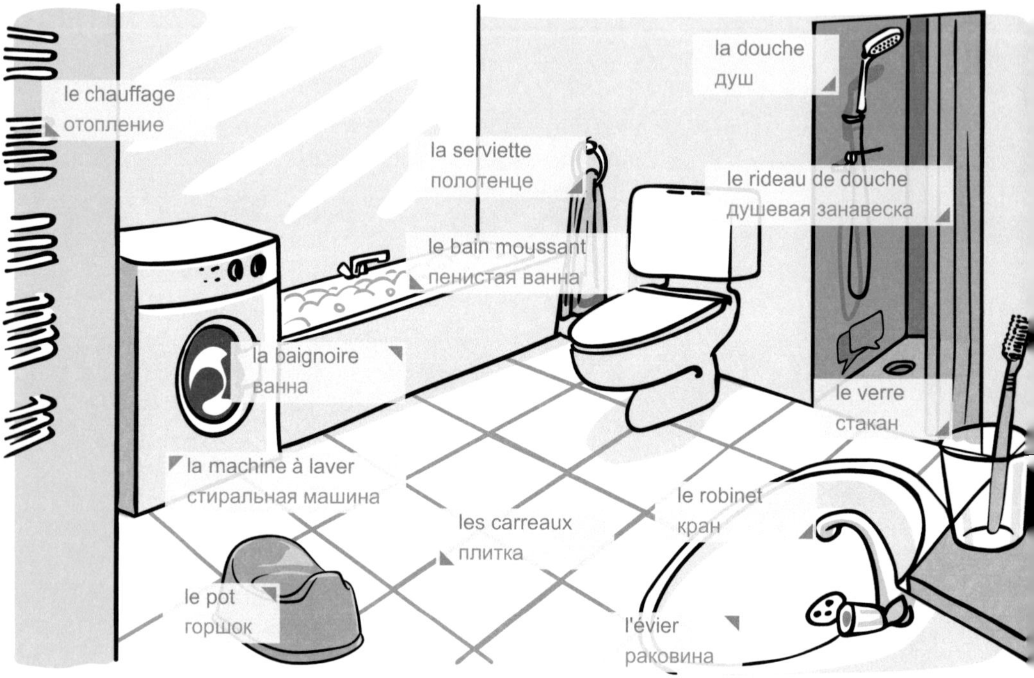

le chauffage
отопление

la douche
душ

la serviette
полотенце

le rideau de douche
душевая занавеска

le bain moussant
пенистая ванна

la baignoire
ванна

le verre
стакан

la machine à laver
стиральная машина

le robinet
кран

les carreaux
плитка

le pot
горшок

l'évier
раковина

la toilette

туалет

la toilette turque

напольный унитаз

le bidet

биде

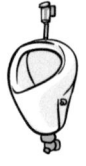

l'urinoir

писсуар

le papier hygiénique

туалетная бумага

la brosse à toilette

ершик

la brosse à dents

зубная щетка

le dentifrice

зубная паста

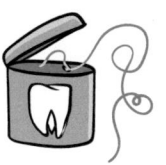

la soie dentaire

зубная нить

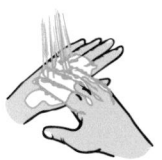

laver

мыть

la douchette

ручной душ

la douche vaginale

интимный душ

la cuvette

таз

la brosse pour le dos

щетка для спины

le savon

мыло

le gel douche

гель для душа

le shampooing

шампунь

la débarbouillette

мочалка

le drain

сток

la crème

крем

le déodorant

дезодорант

la salle de bains - ванная комната

le miroir
зеркало

le miroir à main
ручное зеркало

le rasoir
бритва

la mousse à raser
пена для бритья

l'après-rasage
лосьон после бритья

le peigne
расческа

la brosse
щетка

le sèche-cheveux
фен

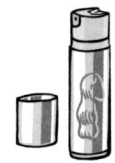
la laque
лак для волос

le maquillage
косметика

le rouge à lèvres
губная помада

le vernis à ongles
лак для ногтей

l'ouate
вата

les ciseaux à ongles
маникюрные ножницы

le parfum
духи

la salle de bains - ванная комната

la trousse de toilette

косметичка

le tabouret

табуретка

le pèse-personne

весы

le peignoir

халат

les gants de caoutchouc

резиновые перчатки

le tampon

тампон

les serviettes hygiéniques

гигиеническая прокладка

la toilette chimique

биотуалет

la salle de bains - ванная комната

la chambre d'enfant

детская комната

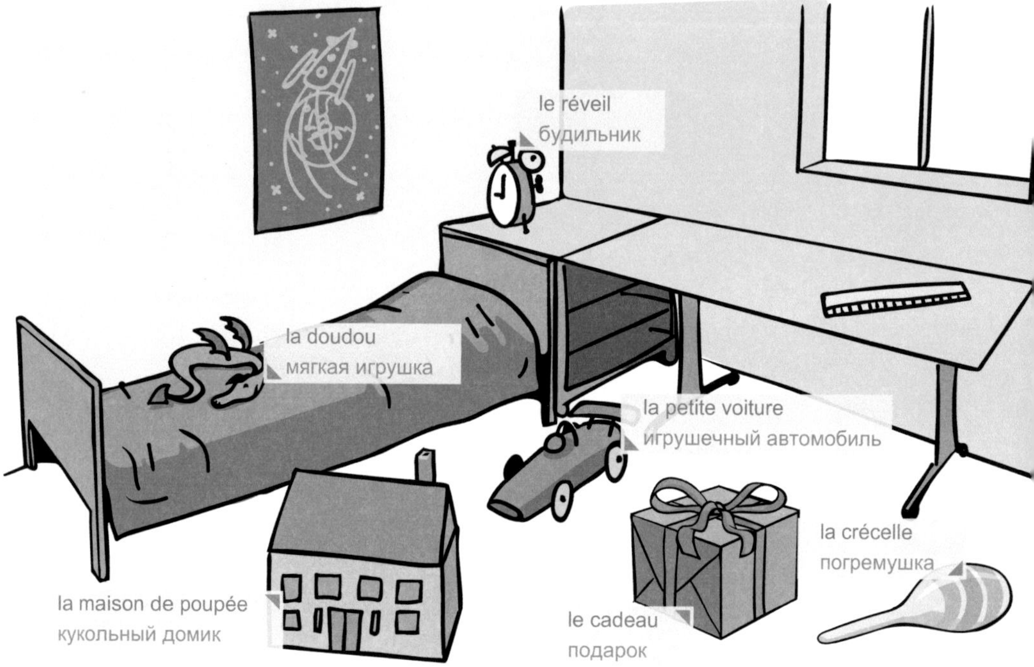

le réveil
будильник
la doudou
мягкая игрушка
la petite voiture
игрушечный автомобиль
la crécelle
погремушка
la maison de poupée
кукольный домик
le cadeau
подарок

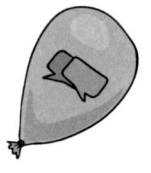

le ballon

воздушный шар

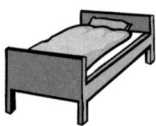

le lit

кровать

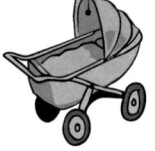

le landau

детская коляска

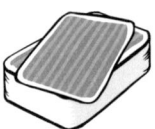

le jeu de cartes

карточная игра

le casse-tête

пазл

SUPER
MEGA

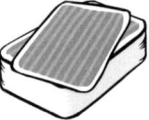

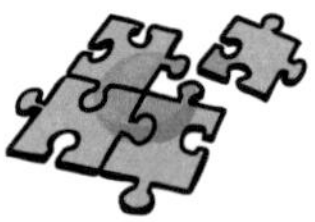

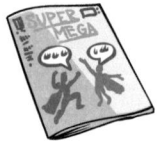

la bande dessinée

комикс

les blocs LEGO

кирпичики Лего

le jeu de briques

кубики

la figurine articulée

игрушечная фигурка

la dormeuse

ползунки

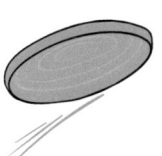

le disque volant

фрисби

le mobile

мобиле

le jeu de société

настольная игра

le dé

кубик

l'ensemble de modèles de train

модель железной дороги

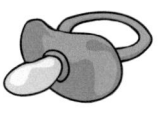

le mannequin

соска

la fête

вечеринка

le livre d'images

книга с картинками

la balle

мяч

la poupée

кукла

jouer

играть

la chambre d'enfant - детская комната

le bac à sable

песочница

la balançoire

качели

les jouets

игрушка

la console de jeu vidéo

игровая приставка

le tricycle

трёхколесный велосипед

l'ours en peluche

плюшевый медвежонок

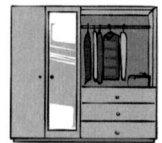

la garde-robe

шкаф для одежды

les vêtements
одежда

les chaussettes

носки

les bas

чулки

le collant

колготки

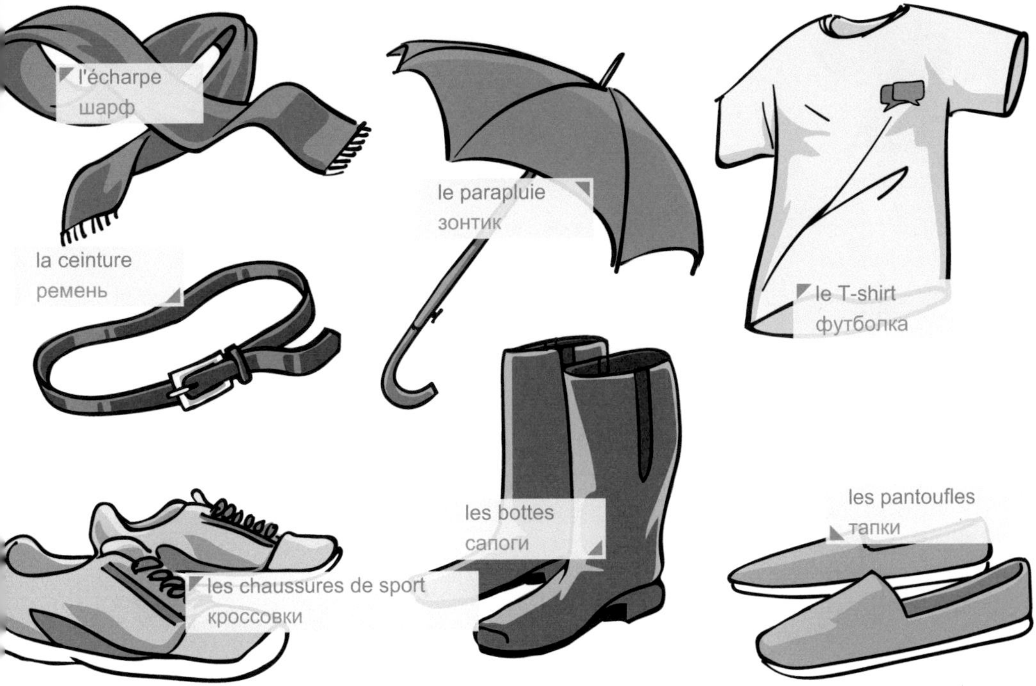

l'écharpe
шарф

le parapluie
зонтик

le T-shirt
футболка

la ceinture
ремень

les bottes
сапоги

les pantoufles
тапки

les chaussures de sport
кроссовки

les sandales
сандалии

les souliers
ботинки

les bottes de caoutchouc
резиновые сапоги

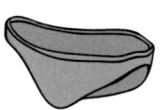

les sous-vêtements
трусы

le soutien-gorge
бюстгальтер

le gilet
майка

les vêtements - одежда

45

le body

боди

le pantalon

брюки

le jean

джинсы

la jupe

юбка

le chemisier

блузка

la chemise

рубашка

le chandail

свитер

le chandail à capuche

свитер

le blazer

спортивная куртка

la veste

жакет

le manteau

пальто

le manteau de pluie

плащ

le complet

костюм

la robe

платье

la robe de mariée

свадебное платье

les vêtements - одежда

le tailleur

мужской костюм

la chemise de nuit

ночная сорочка

le pyjama

пижама

le sari

сари

le foulard

платок

le turban

тюрбан

la burqa

паранджа

le cafetan

кафтан

l'abaya

абайя

le maillot de bain

купальник

le maillot short

плавки

la culotte courte

шорты

le survêtement

спортивный костюм

le tablier

фартук

les mitaines

перчатки

les vêtements - одежда

le bouton

пуговица

les lunettes

очки

le bracelet

браслет

le collier

цепочка

la bague

кольцо

la boucle d'oreille

серьга

la tuque

шапка

le cintre

вешалка

le chapeau

шляпа

la cravate

галстук

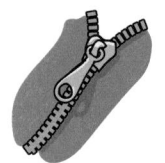

la fermeture à glissière

застежка молния

le casque

шлем

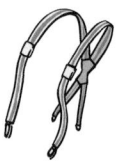

les bretelles

подтяжки

l'uniforme scolaire

школьная форма

l'uniforme

форма

48   les vêtements - одежда

le bavoir
детский нагрудник

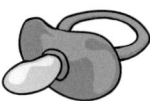
le mannequin
соска

la couche
подгузник

le bureau
офис

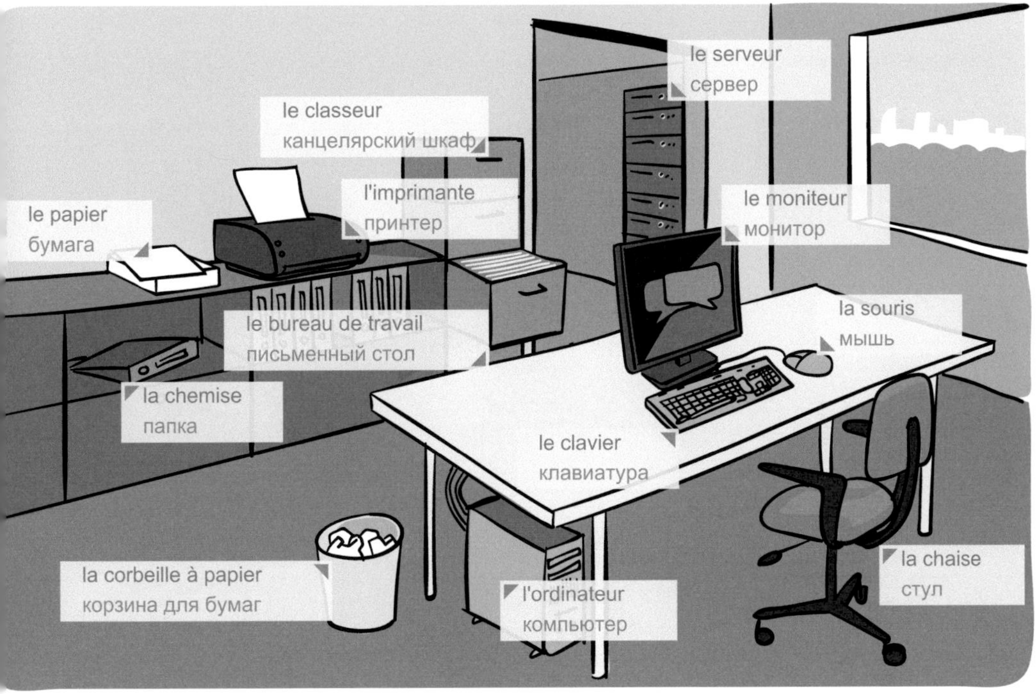

- le classeur — канцелярский шкаф
- l'imprimante — принтер
- le serveur — сервер
- le moniteur — монитор
- le papier — бумага
- le bureau de travail — письменный стол
- la souris — мышь
- la chemise — папка
- le clavier — клавиатура
- la corbeille à papier — корзина для бумаг
- l'ordinateur — компьютер
- la chaise — стул

la grande tasse à café
кофейная кружка

la calculatrice
калькулятор

l'Internet
интернет

l'ordinateur portable

ноутбук

la lettre

письмо

le message

сообщение

le téléphone cellulaire

мобильный телефон

le réseau

сеть

le photocopieur

ксерокс

le logiciel

программа

le téléphone

телефон

la prise de courant

розетка

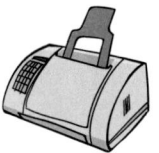

le télécopieur

факс

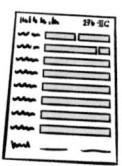

le formulaire

формуляр

le document

документ

le bureau - офис

l'économie
экономика

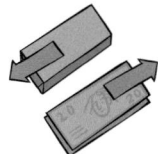
acheter
покупать

payer
платить

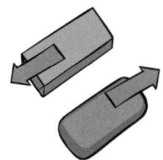
commercer
торговать

l'argent
деньги

le dollar
доллар

l'euro
евро

le yen
иена

le rouble
рубль

le franc suisse
франк

le renminbi yuan
жэньминьби юань

la roupie
рупия

le distributeur de billets
банкомат

le bureau de change

пункт обмена валюты

l'or

золото

l'argent

серебро

le pétrole

нефть

l'énergie

энергия

le prix

цена

le contrat

договор

la taxe

налог

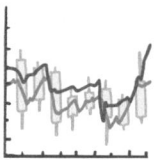

les actions

акция

travailler

работать

l'employé

служащий

l'employeur

работодатель

l'usine

фабрика

le magasin

магазин

l'économie - экономика

les professions
профессии

l'agent de police — милиционер
le pompier — пожарный
le cuisinier — повар
le docteur — врач
le pilote — пилот

le jardinier
садовник

le charpentier
столяр

le couturier
швея

le juge
судья

le pharmacien
химик

l'acteur
актёр

le chauffeur d'autobus
водитель автобуса

le chauffeur de taxi
таксист

le pêcheur
рыбак

la femme de ménage
уборщица

le couvreur
кровельщик

le serveur
официант

le chasseur
охотник

le peintre
художник

le boulanger
пекарь

l'électricien
электрик

le constructeur de bâtiments
строитель

l'ingénieur
инженер

le boucher
мясник

le plombier
сантехник

le facteur
почтальон

le soldat
солдат

l'architecte
архитектор

le caissier
кассир

le fleuriste
флорист

le coiffeur
парикмахер

le chef de train
кондуктор

le mécanicien
механик

le capitaine
капитан

le dentiste
зубной врач

le scientifique
ученый

le rabbin
раввин

l'imam
имам

le moine
монах

l'ecclésiastique
священник

les outils
инструменты

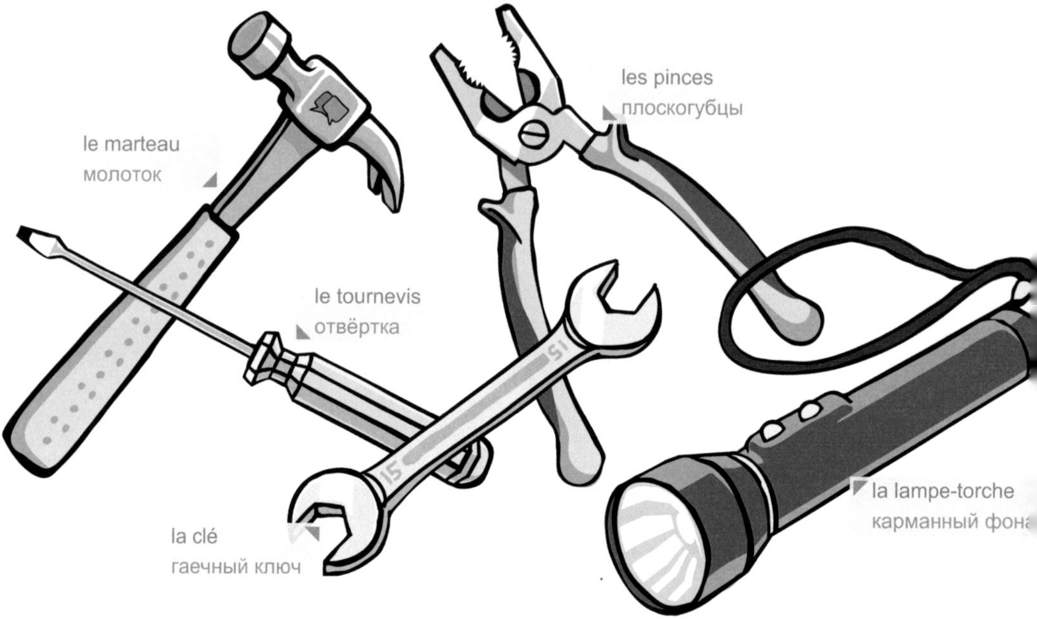

le marteau
молоток

les pinces
плоскогубцы

le tournevis
отвёртка

la clé
гаечный ключ

la lampe-torche
карманный фона[рь]

l'excavatrice

экскаватор

la boîte à outils

ящик для инструментов

l'échelle

стремянка

la scie

пила

les clous

гвозди

la perceuse

дрель

réparer

ремонтировать

la pelle

лопата

Tabarnouche !

Блин!

la pelle à poussière

совок

le pot de peinture

ведро с краской

les vis

винты

les instruments de musique
музыкальные инструменты

la batterie
ударный инструмент

le haut-parleur
громкоговоритель

la contrebasse
контрабас

la trompette
труба

la guitare
гитара

le piano

пианино

le violon

скрипка

la basse

бас-гитара

les timbales

литавры

le tambour

барабан

le synthétiseur

синтезатор

le saxophone

саксофон

la flûte

флейта

le microphone

микрофон

les instruments de musique - музыкальные инструменты

le zoo
зоопарк

le tigre — тигр
l'entrée — вход
la cage — клетка
le zèbre — зебра
la nourriture pour animaux — корм
le panda — панда

les animaux

животные

l'éléphant

слон

le kangourou

кенгуру

le rhinocéros

носорог

le gorille

горилла

l'ours

медведь

le chameau
верблюд

l'autruche
страус

le lion
лев

le singe
обезьяна

le flamand rose
фламинго

le perroquet
попугай

l'ours polaire
белый медведь

le pingouin
пингвин

le requin
акула

le paon
павлин

le serpent
змея

le crocodile
крокодил

le gardien de zoo
служитель зоопарка

le phoque
тюлень

le jaguar
ягуар

le zoo - зоопарк

le poney

пони

le léopard

леопард

l'hippopotame

бегемот

la girafe

жираф

l'aigle

орёл

le sanglier

кабан

le poisson

рыба

la tortue

черепаха

le morse

морж

le renard

лиса

la gazelle

газель

les sports
спорт

les sports - спорт

les activités
действия

- sauter / прыгать
- serrer dans les bras / обнимать
- rire / смеяться
- chanter / петь
- marcher / идти
- prier / молиться
- embrasser / целовать
- rêver / мечтать

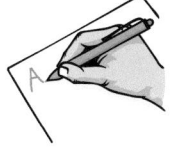

écrire
писать

dessiner
рисовать

montrer
показывать

pousser
нажимать

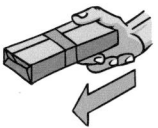

donner
давать

prendre
брать

les activités - действия

avoir
иметь

faire
делать

être
быть

être debout
стоять

courir
бежать

tirer
тянуть

jeter
бросать

tomber
падать

s'allonger
лежать

attendre
ждать

porter
носить

s'asseoir
сидеть

s'habiller
надевать

dormir
спать

se réveiller
просыпаться

les activités - действия

regarder
рассматривать

pleurer
плакать

caresser
гладить

peigner
причесывать

parler
говорить

comprendre
понимать

demander
спрашивать

écouter
слушать

boire
пить

manger
кушать

ranger
наводить порядок

aimer
любить

cuisiner
готовить

conduire
ехать

voler
летать

les activités - действия

faire de la voile

ходить под парусом

calculer

считать

lire

читать

apprendre

учиться

travailler

работать

se marier

вступать в брак

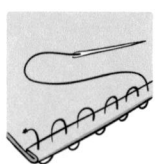

coudre

шить

brosser les dents

чистить зубы

tuer

убивать

fumer

курить

envoyer

отправлять

les activités - действия

la famille
семья

- la grand-mère — бабушка
- le grand-père — дедушка
- le père — папа
- la mère — мама
- le bébé — младенец
- la fille — дочь
- le fils — сын

l'invité
гость

la tante
тетя

l'oncle
дядя

le frère
брат

la sœur
сестра

le corps
тело

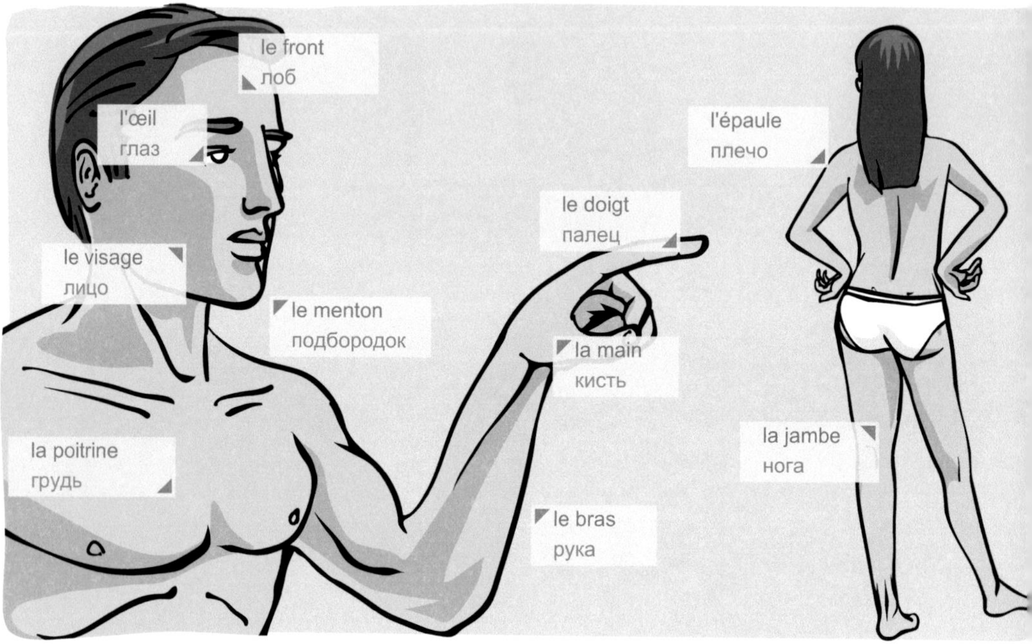

- le front — лоб
- l'œil — глаз
- le visage — лицо
- le menton — подбородок
- la poitrine — грудь
- l'épaule — плечо
- le doigt — палец
- la main — кисть
- le bras — рука
- la jambe — нога

le bébé

младенец

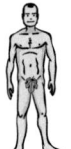

l'homme

мужчина

la femme

женщина

la fille

девочка

le garçon

мальчик

la tête

голова

le dos
спина

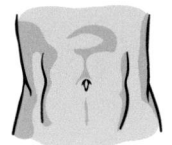
le ventre
живот

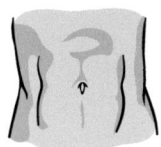
le nombril
пупок

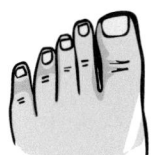
l'orteil
палец ноги

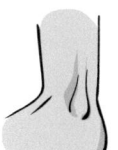
le talon
пятка

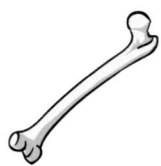
l'os
кость

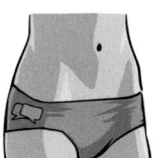
la hanche
бедро

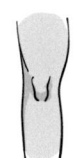
le genou
колено

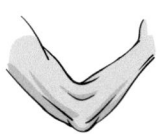
le coude
локоть

le nez
нос

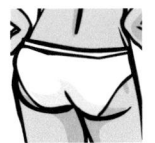
le derrière
ягодицы

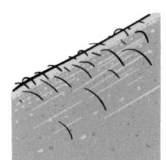
la peau
кожа

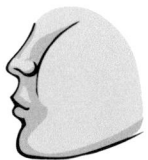
la joue
щека

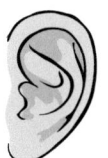
l'oreille
ухо

la lèvre
губа

le corps - тело

la bouche

рот

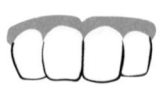

la dent

зуб

la langue

язык

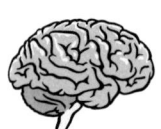

le cerveau

мозг

le cœur

сердце

le muscle

мышца

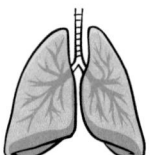

les poumons

лёгкое

le foie

печень

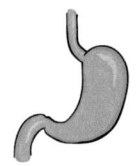

l'estomac

желудок

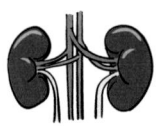

les reins

почки

le rapport sexuel

половой акт

le condom

презерватив

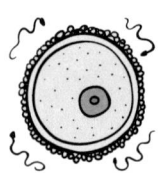

l'ovule

яйцеклетка

le sperme

сперма

la grossesse

беременность

le corps - тело

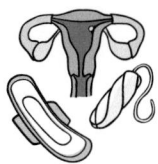

la menstruation

менструация

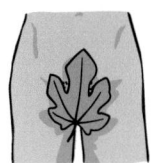

le vagin

вагина

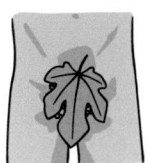

le pénis

пенис

le sourcil

бровь

les cheveux

волосы

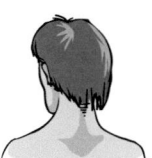

le cou

шея

le corps - тело

l'hôpital
больница

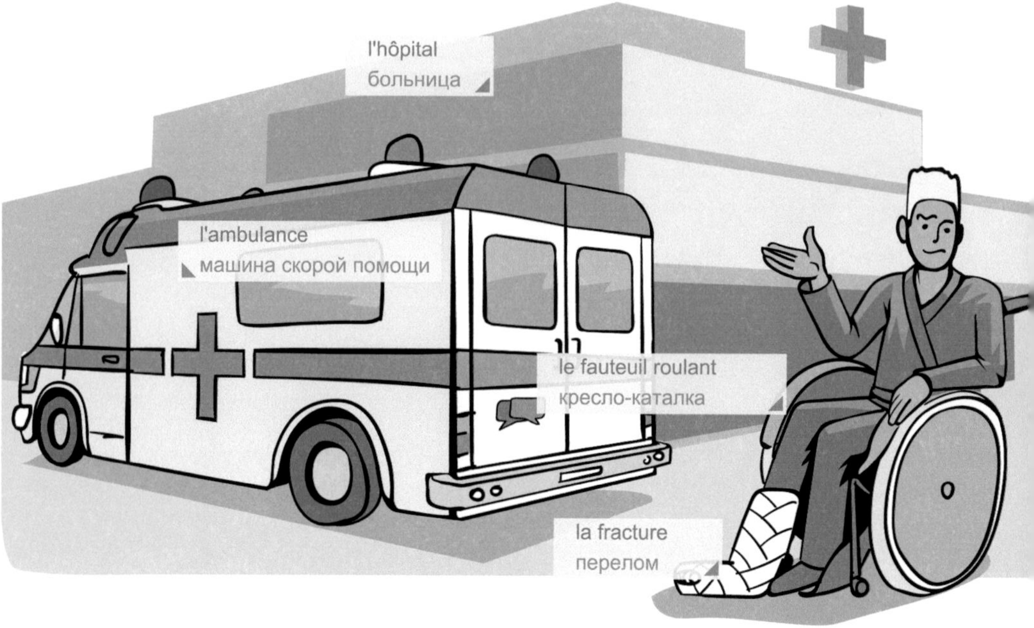

- l'hôpital — больница
- l'ambulance — машина скорой помощи
- le fauteuil roulant — кресло-каталка
- la fracture — перелом

le docteur
врач

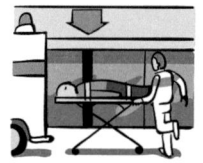
la salle des urgences
пункт первой помощи

l'infirmier
медсестра

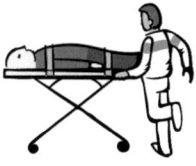
l'urgence
неотложный случай

inconscient
без сознания

la douleur
боль

la blessure
повреждение

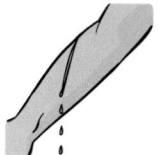
le saignement
кровотечение

la crise cardiaque
инфаркт

l'AVC
инсульт

l'allergie
аллергия

la toux
кашель

la fièvre
повышенная температура

la grippe
грипп

la diarrhée
понос

le mal de tête
головная боль

le cancer
рак

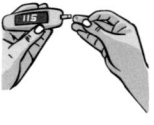
le diabète
диабет

le chirurgien
хирург

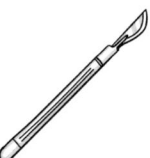
le scalpel
скальпель

l'opération
операция

l'hôpital - больница

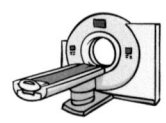
la tomodensitométrie
КТ

la radiographie
рентген

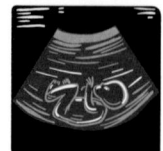
l'ultrason
ультразвук

le masque
маска

la maladie
болезнь

la salle d'attente
приёмная

la béquille
костыль

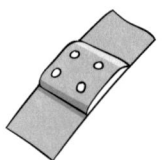
le sparadrap
пластырь

le bandage
бинт

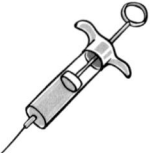
l'injection
укол

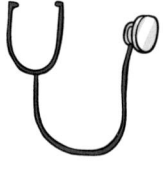
le stéthoscope
стетоскоп

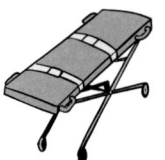
le brancard
носилки

le thermomètre médical
термометр

l'accouchement
рождение

l'excès de poids
избыточный вес

l'hôpital - больница

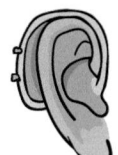

l'appareil auditif

слуховой аппарат

le désinfectant

дезинфекционное средство

l'infection

инфекция

le virus

вирус

le VIH/ le sida

ВИЧ / СПИД

le médicament

лекарство

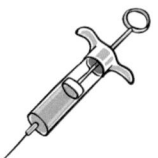

la vaccination

прививка

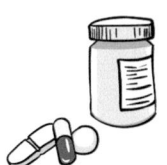

les comprimés

таблетки

la pilule

противозачаточная таблетка

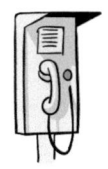

l'appel d'urgence

экстренный вызов

le tensiomètre

прибор для измерения кровяного давления

malade / en bonne santé

больной / здоровый

l'hôpital - больница

l'urgence
неотложный случай

Au secours !
Помогите!

l'alarme
сигнал тревоги

l'assaut
нападение

l'attaque
атака

le danger
опасность

la sortie de secours
запасной выход

Au feu!
Пожар!

l'extincteur
огнетушитель

l'accident
несчастный случай

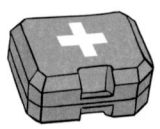
la trousse de premiers soins
аптечка

SOS
SOS

la police
милиция

la Terre
земля

l'Europe

Европа

l'Amérique du Nord

Северная Америка

l'Amérique du Sud

Южная Америка

l'Afrique

Африка

l'Asie

Азия

l'Australie

Австралия

l'océan Atlantique

Атлантический океан

l'océan Pacifique

Тихий океан

l'océan Indien

Индийский океан

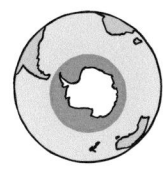

l'océan Antarctique

Антарктический океан

l'océan Arctique

Северный Ледовитый океан

le Pôle Nord

Северный полюс

le Pôle Sud

Южный полюс

l'Antarctique

Антарктика

la Terre

земля

la terre

суша

la mer

море

l'île

остров

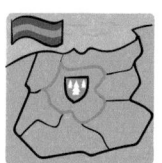

la nation

нация

l'État

государство

l'heure
часы

le cadran
циферблат

l'aiguille des heures
часовая стрелка

l'aiguille des minutes
минутная стрелка

l'aiguille des secondes
секундная стрелка

Quelle heure est-il ?
Который час?

le jour
день

le temps
время

maintenant
сейчас

la montre à affichage numérique
электронные часы

la minute
минута

l'heure
час

la semaine
неделя

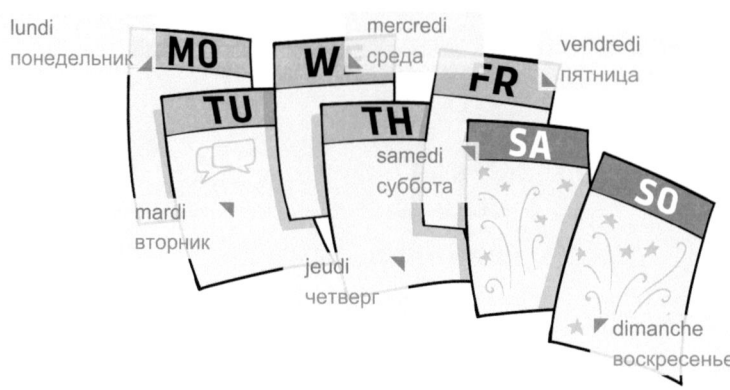

lundi
понедельник

mardi
вторник

mercredi
среда

jeudi
четверг

vendredi
пятница

samedi
суббота

dimanche
воскресенье

hier

вчера

aujourd'hui

сегодня

demain

завтра

le matin

утро

le midi

полдень

le soir

вечер

les jours ouvrables

рабочие дни

la fin de semaine

выходные

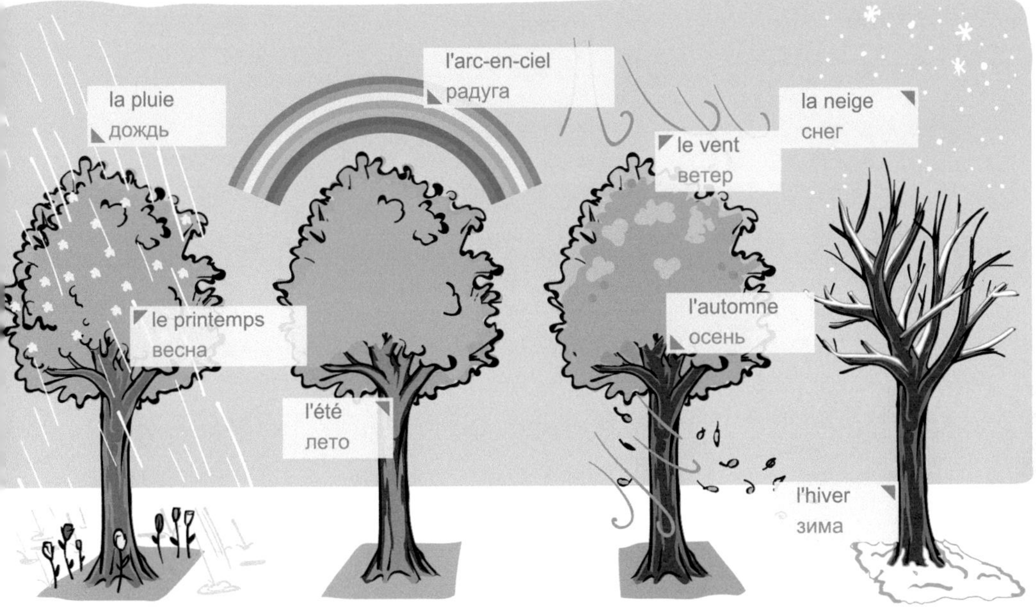

l'année
год

la pluie
дождь

l'arc-en-ciel
радуга

le vent
ветер

la neige
снег

le printemps
весна

l'été
лето

l'automne
осень

l'hiver
зима

les prévisions météorologiques

прогноз погоды

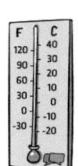

le thermomètre

термометр

les rayons du soleil

солнечный свет

le nuage

туча

le brouillard

туман

l'humidité

влажность воздуха

la foudre

молния

le tonnerre

гром

la tempête

буря

la grêle

град

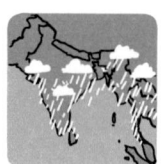

la mousson

муссон

l'inondation

наводнение

la glace

лёд

janvier

январь

février

февраль

mars

март

avril

апрель

mai

май

juin

июнь

juillet

июль

août

август

l'année - год

septembre
сентябрь

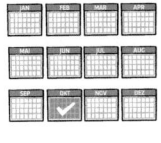
octobre
октябрь

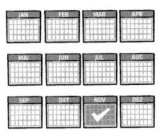
novembre
ноябрь

décembre
декабрь

les formes
формы

le cercle
круг

le carré
квадрат

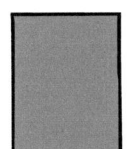
le rectangle
прямоугольник

le triangle
треугольник

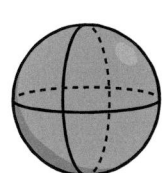
la sphère
шар

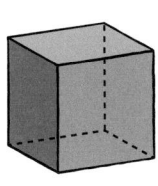
le cube
куб

les couleurs
цвета

blanc

белый

jaune

желтый

orange

оранжевый

rose

розовый

rouge

красный

violet

лиловый

bleu

синий

vert

зелёный

marron

коричневый

gris

серый

noir

черный

les opposés
противоположности

beaucoup / un peu

много / мало

en colère / calme

яростный / мирный

beau / laid

красивый / уродливый

le début / la fin

начало / конец

grand / petit

большой / маленький

lumineux / sombre

светлый / темный

le frère / la sœur

брат / сестра

propre / sale

чистый / грязный

complet / incomplet

полный / неполный

le jour / la nuit

день / ночь

mort / vivant

мёртвый / живой

large / étroit

широкий / узкий

comestible / non comestible

съедобный / несъедобный

méchant / gentil

злой / дружелюбный

être enthousiaste / s'ennuyer

взволнованный / скучающий

gros / mince

толстый / худой

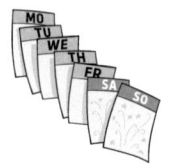

le premier / le dernier

сначала / в конце

l'ami / l'ennemi

друг / враг

plein / vide

полный / пустой

dur / mou

твёрдый / мягкий

lourd / léger

тяжёлый / легкий

faim / soif

голод / жажда

malade / en bonne santé

больной / здоровый

illégal / légal

незаконный / законный

intelligent / stupide

умный / глупый

gauche / droite

слева / справа

proche / loin

близко / далеко

les opposés - противоположности

neuf / usagé

новый / подержанный

rien / quelque chose

ничто / нечто

vieux / jeune

старый / молодой

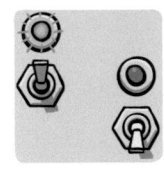

marche / arrêt

включено / выключено

ouvert / fermé

открыто / закрыто

calme / bruyant

тихо / громко

riche / pauvre

богатый / бедный

correct / incorrect

правильный / неправильный

rugueux / lisse

шероховатый / гладкий

triste / heureux

печальный / счастливый

court / long

короткий / длинный

lent / rapide

медленный / быстрый

mouillé / sec

мокрый / сухой

chaud / froid

тёплый / прохладный

la guerre / la paix

война / мир

les opposés - противоположности

les nombres
цифры

0 zéro — ноль

1 un — один

2 deux — два

3 trois — три

4 quatre — четыре

5 cinq — пять

6 six — шесть

7 sept — семь

8 huit — восемь

9 neuf — девять

10 dix — десять

11 onze — одиннадцать

12

douze

двенадцать

13

treize

тринадцать

14

quatorze

четырнадцать

15

quinze

пятнадцать

16

seize

шестнадцать

17

dix-sept

семнадцать

18

dix-huit

восемнадцать

19

dix-neuf

девятнадцать

20

vingt

двадцать

100

cent

сто

1.000

mille

тысяча

1.000.000

le million

миллион

les langues

языки

l'anglais

английский

l'anglais américain

американский английский

le chinois mandarin

мандаринский китайский

le hindi

хинди

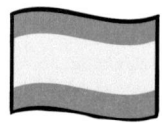

l'espagnol

испанский

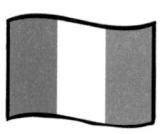

le français

французский

l'arabe

арабский

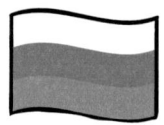

le russe

русский

le portugais

португальский

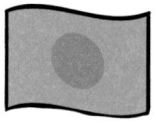

le bengali

бенгальский

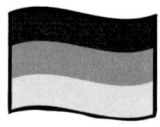

l'allemand

немецкий

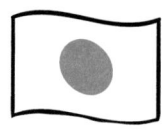

le japonais

японский

qui / quoi / comment
кто / что / как

je
я

tu
ты

il / elle / ce, c', cela
он / она / оно

nous
мы

vous
вы

ils / elles
они

qui ?
кто?

quoi ?
что?

comment ?
как?

où ?
где?

quand ?
когда?

le nom
имя

où
где

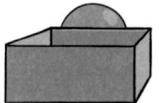

derrière

за

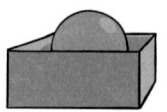

dans

в

devant

перед

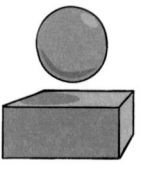

au-dessus

над

sur

на

en dessous

под

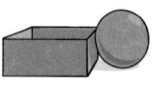

à côté de

рядом

entre

между

l'endroit

место